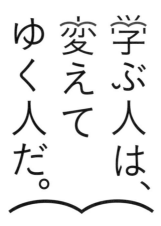

学ぶ人は、
変えて
ゆく人だ。

目の前にある問題はもちろん、

人生の問いや、

社会の課題を自ら見つけ、

挑み続けるために、人は学ぶ。

「学び」で、

少しずつ世界は変えてゆける。

いつでも、どこでも、誰でも、

学ぶことができる世の中へ。

旺文社

vol.**3**

高校生のための「**生き方の参考書**」

高校生
しなくても
いいこと

学校、友だち、自分に悩むあなたへ

執筆・監修　**渡辺憲司**
立教大学名誉教授

監修・編集協力　**小林実**
十文字学園女子大学教授

旺文社

飛び出せ高校生！　シリーズ刊行のことば

「先生、どうでもいいんですよ。
　生きてるだけで痛いんですよ。
　ニーチェもフロイトもこの穴の埋め方は書かないんだ。」

ヨルシカ「ヒッチコック」
作詞・作曲　n-buna

　高校生は、進路や恋愛、友達関係、部活と悩みがいっぱいある時期です。友達や家族や先生に話したり、ネットやSNSで共有することが解決の助けになっている人もいると思います。そして音楽もひとつの力になっています。

　ヨルシカの楽曲「ヒッチコック」では、ニーチェもフロイトも力になってくれないと歌われましたが、わたしたち旺文社は出版社ですから、「本」でなんとかみなさんの役に立てないかな、と考えました。

　このシリーズはいわば高校生のための「生き方の参考書」です。みなさんにとって、一歩前へ出る勇気のきっかけになることを願い、このシリーズを「飛び出せ高校生！」と名付けました。

　「人間関係の悩み」「進路・進学の悩み」「心と身体の悩み」の3つの大切なことを、考える手助けをしていきます。

　この本では正解はわかりません。さまざまなことで悩んでいるみなさんの手助けができればいいな、と思っています。答えをみつけるのはみなさんです。この本で常識にとらわれない考えを知り、試行錯誤して答えを自分で出しながら、一歩でも前に進んでくれることを願っています。

　飛び出せ高校生！

株式会社旺文社　発行人　生駒大壱

あなたへ贈ることば　〜はじめにかえて

　Ａさん、あなたの顔が見えます。

　高校１年生にしては、少し小柄なほうだったかもしれませんね。私はあなたのテニス部の顧問でした。髪の毛を少し染めて私から注意を受けたその日でした。２月の末、校庭の梅が散り始めていました。

　「遅刻も多いぞ。テニスの練習もサボっているようだね。来年は主力だぞ。自覚が必要だぞ。」

　私は書類に目を通しながら、あなたの顔を見ていませんでした。

　「学校が嫌になってきたんです。何だか皆がうざいんですよ。」

　「そんなこと云ってもしょうがないだろう。まあ、がんばれよ。」

　私が、机の上の書類から顔をあげてあなたを見ようとした時、あなたはその場にいませんでした。

　あなたは、その後、私のところに顔を出すことはありませんでした。

　私の教師生活が始まった頃でした。あれからずっとあなたの顔が浮かびます。もう少しゆっくり語り合っていればよかったと。何かアドバイスが出来たのではないだろうかと……。

　こんな思いが教員生活で繰り返されてきたように思います。

＊＊＊＊

　あなたたちは、きっと多くの場面で、「面倒だなあ……」「やる気ないなあ……」とか、「分かるけどさあ……、うるさいんだよな……。」と思い込んでいませんか。

　それは自分の中に自分を閉じ込めているからだと思います。私は、決定版の回答をここに用意できたわけではありません。

　ただ、あなたたちに対して思っていることは、自分の考えに広い視野を持ってほしいということです。

　縛り付けられていたと思っていたことが、自分で自分を縛っていたんじゃないかと気が付いてほしいのです。

　焦ってはいけません。道は長いんです。結論を出すことに急いではいけません。

＊＊＊＊

　中学１年からやっていたテニス部を高校２年の３月に辞めたことを思い出します。４月からは、クラブのリーダーとして期待されていた時期でした。「このままテニスばっかりやっていたら大学もいけないぞ」と家の人から云われたことが辞めると云いだした大きな理由でした。

　「何で辞めるんだよ。」と、仲間に云われた時、「これから勉強に専念するんだ」なんて云えませんでした。「何だかやる気が出ないんだよ」と答えて、テニスコートを後にしたのを覚えています。

１週間ほどは、帰り道、図書館に寄り、勉強しましたが、長続きしませんでした。公園で長い間ぶらぶらしていたこともありました。テニス部に戻ろうかとも思いましたが、一度辞めると云ったのですからそんなことは出来ません。あれから、６０年ほど経った今でも（長い時間ですよね……私はおじいちゃんです）、何だか後ろめたい気分が残っていますが、あの時のことを後悔で片付けることは出来ません。あれはあれでよかったのです。

＊＊＊＊

　中途半端な行動はその後も続きました。浪人中もなかなかひたむきに勉強をするというわけではありませんでした。何をやりたいかなどと云うこともなく、法学部へ入学しましたが、どうもうまくいきません。初めは、英語愛好会のクラブに入りましたが、ついていけませんでした。

　ようやく自分のいく道がおぼろげながら見えてきたのは、文学部に移ってからでした。高校生の時「どんな人間になりたいんだ、あなたの夢は何だ」などと、何度も親からも先生からも云われましたが、「そんなことわからないよ。云えるわけはないだろう」と私はいつも横を向いていました。文学部に転部してから、夢の実現とまではいきませんが、好きな道がようやく見つかったのです。好きなことを大切にすることが夢なんだと、気がついたような気がしました。周囲に急がされて、好きなことを見つけることに焦ってはいけないのです。

＊＊＊＊

　Ａさん、ごめんなさい。

　あなたともっと話をすればよかった。聞いてあげればよかった。この本は、私があなたに贈る、遅すぎた時間です。時々中途半端でいいんですよ。それはもちろん、前向きな自分を「〜しなくてもいい」と否定し、わがままをすすめているんじゃないんですよ。退却への勇気も必要だと云うことをあなたと一緒に考えてみたいんです。

　それは飛び出すあなたのステップボードになるはずです。迷っていることにくよくよしてはいけません。迷いの中には明日の光があります。

　視野を広くもって、焦らず考えましょう。それは、これからの人生にとっても大事なことです。

渡辺憲司

執筆・監修者プロフィール

執筆・監修
渡辺憲司（けんじ先生）

立教大学名誉教授。
立教大学大学院 文学研究科博士課程 単位取得後退学。博士（文学）九州大学。専門は日本近世文学。教師歴は50年を超える。横浜市立横浜商業高等学校定時制、私立武蔵高等学校中学校、梅光女学院大学短期大学部（現・梅光学院大学）、梅光女学院大学（現・梅光学院大学）、立教大学、立教新座中学校・高等学校校長、自由学園最高学部学部長と、さまざまな学校で教えた経験を持つ。
立教新座中学校・高等学校校長時に起きた、東日本大震災を受けて、卒業生へ向けたメッセージが大評判となる。また、2020年には新型コロナウィルス渦における、自由学園最高学部長ブログでの「今本当のやさしさが問われている」が、テレビ・新聞で大きな反響を呼んだ。
『生きるために本当に大切なこと』（KADOKAWA）など著作、編著、監修多数。

監修・編集協力
小林実

十文字学園女子大学 教育人文学部 文芸文化学科 教授。
立教大学大学院 博士課程後期課程 単位取得後退学。博士（文学）。専門は日本文学。
大学新入生の入門科目を長年担当しており、リアルな学生の悩みと本音を熟知している。

面倒、ウザいのは……、「しなくてもいいこと」をしているから!?

みんな「面倒」「ウザい」と思っていた！
アンケートでわかった、高校生活での不満。

あーウゼぇ～～～

何がそんなに
ウザいの？

全部!!

授業と、登下校と、勉強と、先生と、
友だちと、親と、部活と、行事と、
校則と、オレと、お前と、大五郎!!

わーマジで
全部じゃん！

っていうか
大五郎
って何!?

首都圏の高校・大学に通う228名に実施した、旺文社によるアンケート（2019年）を分析して作成。

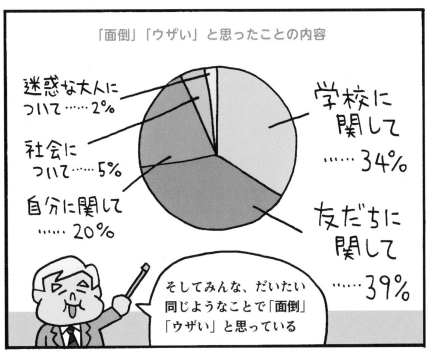

「面倒」「ウザい」と思ったことの内容

迷惑な大人について……2%

社会について……5%

自分に関して……20%

学校に関して……34%

友だちに関して……39%

そしてみんな、だいたい同じようなことで「面倒」「ウザい」と思っている

それで、けんじ先生がさっき言っていた、ウザいのは「しなくてもいいこと」をしているからって、どういうこと？

知りたーい！

これから教えるから、さっき言ってたウザいものから、「先生」を撤回してくれない？

ウ、ウザい……

ウヒョヒョ

首都圏の高校・大学に通う228名に実施した、旺文社によるアンケート（2019年）を分析して作成。

目　次

学校に関して、しなくてもいいこと

友だちに関して、しなくてもいいこと

自分に関して、しなくてもいいこと

編集協力　有限会社サード・アイ

校　　正　株式会社ぷれす（大友弥生／眞榮里みどり）

カバー・本文デザイン　及川真咲デザイン事務所（内津 剛）

マンガ・イラスト　いぢちひろゆき

イラスト　山浦克永／朝倉千夏／斎藤ひろこ

学校に関して、しなくてもいいこと

学校に関して、みんなが

先生の
くだらない報告、
昔話がウザい。

話の通じない、
自分の主張を
大声で押し通す
担任をなんとかして！

朝の電車が
混んでて不快。

受けても無駄
としか思えない授業を
受けないと
いけない……。

メイク禁止とか
髪色とか、
どうでもいい校則が
ウザい。

将来の夢と
行きたい大学が
見つけられない。

不満や不安に思っていること

部活の規律が
厳しくて、
顧問が神みたいに
なっている。

何も
やりたいことが
なくて、進路が
決まらないよ。

いつも集団で行動
という考えが
イヤ。

勉強、勉強で
押しつぶされそう。
とにかく勉強が
イヤ。

学校に
ひたすら
いきたくない。

職員室で生徒の
悪口を言う先生や、
髪の毛を触ってくる
キモい先生がいる。

首都圏の高校・大学に通う228名に実施した、
旺文社によるアンケート（2019年）を分析して作成。

17

01

先生の話は、なんでも無理に聞く必要はない。

先生って
すごーい

自分なりの思想や意志を持って、
きちんと判断して聞こう。

　どうでもいい話とか、くだらない自慢話をする先生って、いるみたいだね。そんな話は受け流そうよ。むしろ一から十まで、なんでも聞こうとする姿勢はよくないよ。キミにとって意味があるのか、そのたびに自分で判断することが大事だよ。先生の話を、なんでもかんでも全部聞こうとするから、疲れるんじゃないかな。かしこく先生の話を受け止めていこうよ。

　聞くときは、「この話は受け流していいんだ」と判断できるキミなりの思想や意志を持つこと。これは重要だよ。自分の思想や意志をきちんと守っていることが、逆に聞くことにつながるんだと思うんだ。
　反省を込めて言うけど、ボクも無理矢理、上から聞かせようとしたこともあったんだ。でも、それは違うよね。先生と生徒は対等の関係なんだよ。自分の中で、「選択する権利があるんだ」ってことを心に持って先生の話を聞いてほしいな。
　ただ、先生も人間だから、話を流されると傷つくんだよね。これはお願いなんだけど、受け流してもいいけど、しっかり礼儀は守ってほしいなぁ……。

02

ウザい部活は
やめていい。

いいんですか？

日本の部活は、教育が目的のひとつなんだ。
楽しくない部活ならやめていいよ。

　日本の部活はおかしいんだよ。学校の先生が顧問をやっているだろう？　これは※学校教育の一環だからなんだ。教育だから、学習意欲の向上や、連帯感や責任感を養成することが部活の目的のひとつとなっている。だから、部活の成績が推薦入試の募集要項に入っていたりするんだ。それでいて、部活は「生徒の自主的、自発的な参加により行われる」とされているんだよ。なんか変だよね……。

　もちろん、部活にもいいところはあるよ。学校で金銭的な負担も少なく、手軽にいろんなスポーツやジャンルを体験できるのは、とても大切なことだよ。それに、勉強とは違った仲間ができるしね。それはそれでいいんだ。部活を楽しくやれている人はそれでいい。

　でもね、もしキミの入っている部活が、やたら厳しい顧問の先生だったり、集団の規律ばかり求められて、ちっとも楽しくないなら、そんなウザい部活は、すぐにやめていいよ。だって、キミたちの「自主的、自発的な参加」が部活とされているんだから、やめたってまったく問題ないよ。いまは、地域のクラブとかがたくさんあるから、視野を広く持って、キミに合った場所を見つけるべきなんだ。絶対に部活をしなければならない、という考えは捨てなければならないよ。

※　学校教育の一環……部活動の意義や目的については、中学校学習指導要領、高等学校学習指導
　要領（総則）に掲載されている。

03

やっぱ
苦手……

集団行動は
無理に
参加しなくても
いい。

けんじ先生のアドバイス

いい集団行動には、
バラバラの個人が参加することで、
個人の力が
ぐっと引き出される
面白さがあるんだ。

行動を強制するものや、
連帯責任を強要するものは、
そもそも
集団行動ではないよ。
そういうものには「流される」
怖さがあるので注意！

自分自身の存在が、
否定されるような集団行動は、
拒否していい
と思うんだ。

拒否することができなければ、
中途半端にやって、
興味がある部分を
見るようにしよう。

もし先生に怒られたら、
受け流して、
大人の対応をしよう。
キミならできる。

★ 集団行動の目的とは

　集団行動っていうと、何かを強制されておこなう、悪い印象を持っている人は多いよね。

　でもね、学校がおこなっている集団行動は、もともと生徒の力を引き出すために考えられたはずなんだ。合唱とか体育祭とか、なんでもいいんだけど、バラバラの個人が、みんなと一緒にやることで、いつもより個人の力がぐっと引き出されるんだよ。これは一度味わうと快感だよ。だからいい集団行動には、その面白さがあるってことは知っておいてほしいな。

★ ダメな集団行動と、その注意すべき点

　ただね、キミが嫌になるのもわかるんだ。

　よく、※一糸乱れずに行動することを強制するものとか、連帯責任を強要するものがあるだろう？　ああいうものはダメだよ。全然ダメ。そもそも、そんなのは集団行動でもなんでもないよ。集団行動っていうのは、みんなを強制的に同調させることではないんだ。キミの何かが、引き出されなければいけないんだ。

　それにね、そういう集団で強制されることで一番怖いのは、その場の空気に流されること。これが一番怖い。

　大げさなことを言うようだけど、かつて、集団で強制する雰囲気に、日本人全体が流されていって、日本が戦争へ突き進むのを止められなかった。そんな苦い歴史があるからね。

　そういう意味でも、ボクは、自分自身の存在が否定されるような集団行動は、拒否していいと思うんだ。

※　一糸乱れず……少しの乱れもなく、ぴったりと整っているようす。

★ ダメな集団行動にはどうすればいいのか？

でも現実には、学校で集団行動を拒否するのは、勇気がいるし、できないって人はいるだろう。また、そもそも独りでいるのが好きで、集団でおこなうこと自体が苦手な人もいるかもしれない。

そんなときは、ある程度流して中途半端にやるしかないよ。集団行動の一部だけでも、キミが興味を持てる部分を見るようにするしかない。だいたい、集団行動のすべてが、キミに適しているなんてことが、あるわけないんだよ。

ただ、気に入らないからといって、ふてくされたり、キレたりするのは、キミをかえって疲弊させるから、できるだけ無駄なエネルギーを使わないこと。中途半端がいいんだ。

もし先生に怒られたら、これは受け流すしかない。先生というのはね、こういうときは怒らなければならないものなんだ。キミが怒られるのはしかたがないよ。

だから、キミが大人の対応をするしかないよ。大丈夫、ボクの経験上、高校生は社会人より大人の対応ができるよ。これは絶対にそう思うね。

ボクも先生だから、無責任な結論だと言われるかもしれないけど、まだ世の中に、強制するような間違った集団行動がある以上、現実的には、これが一番いいと思うな。

04

先生は
絶対ではない。

やっぱり
そうなんだ！

1人の先生の価値観だけに、振り回されないようにしよう。

　先生への不満ってあるよね。言っていることが矛盾してたり、よくわからない理由で怒られたり……。でもね、キミが「先生は完璧であるべき」と考えるのが間違い。先生っていうのはもっとリアルな生き物だよ。先生である前に一人の人間なんだ。

　「でも毎日迷惑をこうむっている」って？　そんなときは堂々と先生を批判しよう。それで嫌われても、キミを理解してくれる別の先生がきっといるよ。重要なのは、1人の先生だけに頼らないこと。いろんな先生がいることは信じよう。

　理解してくれるのは、先生じゃなくてもいいよ。本であるかもしれないし、友人かもしれない……。とにかく1人の先生の価値観だけに振り回されないようにしよう。世の中には、もっともっとたくさんの考えや価値観があるんだ。

　「なかなか勇気が出なくて、面と向かって批判できないよ」という人もいるかな？　実際にキミが、先生を批判できなくてもいいんだ。心の中で思っているのだって重要。ただ先生に従っているのと、心の中で思っているのとでは、※雲泥の差だよ。

※　雲泥の差……とても大きな差のこと。

マジ
っすか…

変な
校則は
守らなくていい。

校則より、
自分は人間として、
こうあるべきだということを
大事にしてほしい。

大事なのはハート。
カタチが自分を
決めるものじゃないよ。

「紳士たれ」、「淑女たれ」と、
自分に言い聞かせよう。

★ やっぱり変な校則はある

変な校則は守らなくていいよ、がんじがらめにされる必要はない。変な校則ってやっぱりあるんだよ。ボクも50年以上先生をやってきたけど、ここだけの話、「くだらないなぁ〜」って思う校則はあったよ。先生がこう言っちゃマズイかもしれないけど…。

★ 自分なりの規則をつくろう

キミにはね、学校の規則より自分なりの、自分が真正直に生きるための規則というか、ポリシーというか、「自分は人間としてこうあるべきだ」ということを大事にしてほしいんだよ。もっと大きな人間になるためにね。外見のことを言っているんじゃないよ。キミの内面のことを言っているんだ。

自分なりの規則をつくって守っていくというのは、これからの人生にとって、大事なことだと思うんだ。そしてそれは、自分がどんな風に見られたいかを、考えることにもつながるんだよ。

★ 校則を破ってしまったら

自分なりの規則をつくって守っていけば、やっぱり現実には校則と衝突することもあるはずだ。それでキミが教員室に呼ばれたとしても、めげちゃダメだよ。反省すべきことはしっかり反省すればいい。でも、自分が正しいことをしたと思ったら胸を張ればいいんだ。

★細かい見た目に関する校則は、それなりに守っておく

服装や髪型なんかの、細かい見た目に関することを校則にしているところもあるよね。「気に入らないから……」と、いちいち衝突していたら自分が疲弊しちゃうから、それはそれなりに守っておけばいい。それを「負けた」と思っちゃダメだよ。外見が人を決めるものじゃないんだ。大事なのはハートだよ。

自分の内面と向き合うことが大切なんだよ。怒られていくうちに、自分なりの規則が、しっかりしたキミの価値観になっていくんだ。

★クラーク博士の教えにならおう！

こんな話を紹介しようか。「少年よ、大志を抱け」で有名な※クラーク博士を知ってるかい。北海道大学の前身だった、札幌農学校の最初の教頭だった人だよ。クラーク博士をアメリカから招いたとき、札幌農学校の開校に向けて、たくさんの校則を日本の政府高官が相談して用意していたんだ。それは実に細かな校則だったそうだ。

「この校則を生徒に守るように、しっかり教えてほしい」、そんな風にクラーク博士に言ったんだね。そうしたら、クラーク博士は真っ赤になって怒って言ったそうだ。

「そんな細かい校則はいらない。一言、"紳士たれ"で十分だ」

ボクがキミに言いたいことも、これだね。

もしもキミが校則を破って教員室に呼ばれて説教されたら、目をつぶり自分に言い聞かせるんだ。「Be Gentleman」とね。もちろん淑女も、「Be Lady」とね。

※　クラーク博士……ウィリアム・スミス・クラーク。アメリカの教育者。1876年に開校した札幌農学校（現北海道大学）の初代教頭として来日した。「紳士たれ」の出典は『札幌農学校』（蝦名賢造）より。

06

授業に
全部出る必要
はない。

めんどくさいから
出ないのは
アリ？

落第（留年）を
しない範囲でなら、
授業に
出なくてもいい。

授業を全部出たから、
偉いわけではない。
「自分の時間は
自分で選ぶ」ことを
意識しよう。

授業に出ないと自分で判断した以上、
主体的に授業を受ける
責任が生まれるよ。

ただ、なんとなく
出ないのはダメ。
自分なりの
判断基準をつくろう。

★ 授業は自分が主体的に選ぶもの

　　反論があるのを承知で、思い切って言うけど……。ボクは、落第（留年）をしない範囲でなら、授業に出なくてもいいと思うんだ。落第（留年）はダメだよ。周りに経済的な負担をかけるからね。

　　そもそも授業というものはね、自分が主体的に選ぶもんだよ。高校は義務教育じゃないんだから、キミには「自分の時間は自分で選ぶんだ」、という意識は持ってほしいと思うんだ。

　　それにね、授業に全部出たからって偉いわけじゃないよ。ボクは皆勤賞ってやつが嫌いなんだよ。そりゃあ、全部出席するのはいいことだよ。それは否定するつもりはないけど、わざわざ学校で表彰するようなことじゃないよ。
　　だって体調が悪かったり、どうしても外せない用事ができたりすることはあるだろう？　それを我慢して、無理に出席することが評価されるんじゃ、出席することだけが目的になっちゃうじゃないか。それじゃあ※本末転倒だよ。

★ 我慢して授業に出なくていい

　　もしキミが、「変な先生だなぁ」とか、「授業のやり方がおかしい」とか思ったら、我慢して授業に出て、無駄な時間を過ごさないほうがいい。
　　ただし、自分の中でちゃんと理論づけというか、納得できるようなものがなきゃいけないよ。ただ、「めんどくさいから」なんて理由だったら、なんとなく授業に出ているのと同じようにダメだよ。

※　本末転倒……大切なことと、つまらないことを取り違えること。

「めんどくさい」というのは、結局、自分の判断、思考が停止していることなんだ。

　そのかわり、「どうしても今日映画を見たい」とか、本を読んでて「どうしても今日中に読み切りたい」とか、自分なりに納得できる理由だったら、それは授業を休めばいい。

✴ なんとなく授業を受けるな

　その、自分なりの判断をすることがとても重要で、これは社会に出たときに、「自分が自分らしく、こう生きていきたい」という理想を実現するための、トレーニングでもあるんだな。

　もちろん失敗もあるだろう。けれど、「自分で選んで、自分で決めた」という経験が、キミの今後にきっと役立つはずなんだ。

　受け身で、なんとなく授業を受けてはいけないんだよ。

　自分なりの判断基準をつくって、授業が面白くなかったら「面白くない」と言っていいし、出たくなかったら出なくてもいいんだ。

　そのかわり、自分で判断した以上は、ちゃんと主体的に授業を受ける責任があるよ。だって相手の先生に、「面白くない」「出たくない」という意志表示をしたのだから、キミが、どういう授業を受けたいのかは示さなきゃいけないだろ？

　それが本来の授業の受け方なんだよ。

07

先生を
信用しない
ことも大事。

そうなんだ……

「問題教師は必ずいる」
ってことを
認識するべきだ。

おかしな先生には
自分をオープンにせず、
自分を守ることを
考えよう。

先生と生徒は
人格的には同等なんだ。
尊敬できて、キミのことも尊敬してくれる、
「信用できる」先生を探そう。

★ 問題教師は必ずいる

　まずね、キミにとっては嫌なことかもしれないけど、「問題教師は必ずいる」ってことを認識するべきなんだよ。世の中にはいろんな人がいるわけで、先生だけが[※1]聖人君子ばかり…、なんてことはありえないんだ。そこは覚えておいてほしい。

　そのうえで言うんだけど、信用しちゃいけない先生ってやっぱりいるんだよ。悲しいけどね。

　だからキミは、先生を見る目を養わなきゃいけない。おかしな先生には自分をオープンにしなくていいし、先生を信用しないことも大事なんだ。まず自分を守ることを考えようよ。

　それで、その先生から嫌われてもいいんだ。大丈夫、先生にもいろんな人がいるんだ。必ずキミを理解してくれる先生がいるはずだよ。

★ 信用できない先生リスト

　ここでボクの長年の教師経験から、信用できない先生の特徴をいくつか教えておこうか。

・生徒の悪口を言ったり、比較をする先生

　生徒の悪口を言うような先生はとんでもないね！　これは論外だけど、先生が生徒を比較しようとするのもダメ。「あの子はできるのに、お前はダメだ」とか……。キミたちはそれぞれが個性なんだから、比較するもんじゃないんだ。そんな先生は信用しなくてもいいよ。

・自分のほうが、生徒より上だと威張っている先生

　「先生に向かってなんだ！」なんて、自分の立場のほうが生徒より上だと思っている先生がいるけど、これもダメだね。先生は理想を追うべきだが、権威になってはいけないよ。権威を[※2]笠に着る

※1　聖人君子……徳と教養があり、非常に優れた理想的な人間。
※2　笠に着る……権威や勢いがあることをいいことに威圧的な態度をとること。

ような先生は失格だね。

　それから「～やってくれて、先生うれしいよ」なんて、生徒のことを考えている風な先生がいるけど、やはり目線が上。先生が自分の中に答えを用意して、誘導しようとしているんだな、これは。そういう先生はボクはダメだったな。

・自分の人生経験の長さを生徒に誇る先生

　人生経験が長いから先生が偉い！　なんてウソに決まってんだよ。ありえないよ。だって人生経験は長さじゃないもん。一瞬だって深い経験をすることだってあるよ。たとえば、ボクなんかより深い経験をした生徒だって、いっぱいいたよ。先生だったら、そんな生徒の声に、耳をかたむけなかったらダメだと思うんだ。自分は生徒よりも長い経験を積んでいるとか、経験値があるとか、そんなことを誇らしげに言う先生は信用しなくていいよ。

★「信用」とはどういうものか

　最後にキミに言っておきたいことは、先生と生徒は人格的には同等なんだってこと。学校では「教える」、「教わる」立場だけど、人格的には先生と生徒に上下関係があるわけじゃないんだ。

　そもそも「信用」というのは、人格と人格のぶつかり合いで生まれるものなんだ。そのために人格は同等じゃなくちゃいけない。

　そして、同等の前提としてお互いへの尊敬があるんだ。だから、先生から生徒へだって尊敬がある。ボクが新米の先生だったときに「この生徒は偉いな、自分も頑張ろう」ってよく思っていたよ。

　キミにはぜひ「信用できない」先生だけではなく、尊敬できて、キミのことも尊敬してくれる、「信用できる」先生を見つけてほしいな。いますぐじゃなくてもいい。ゆっくりと見つければいいんだ。

08

勉強が
嫌いでも
大丈夫。

ホント
に？

本当に嫌なら、
やめていい。
人は学校の勉強だけでは
生きていないよ。

食事と一緒で、学んだことは
すぐには響かない。
じわじわと
効いてくるものだよ。

勉強をしなくても、自分が
生きていくために
必要なものが何かは
探すべきなんだ。

勉強がしたくなったら、
絶対にするべき。
それは、キミが人間として、
成長しようとしているサイン。

★ 学校の授業だけが勉強じゃない

　ボクも先生だから、生徒に「勉強しなさい」って言っちゃうけどね。どうしても嫌ならやめてもいいよ。人はそんな勉強だけでは生きてないよ、絶対に。

　だから、キミが学校の勉強を嫌いだったとしても、それをコンプレックスに思うことはない。したくなければ、しなくてもいいよ。

　そのかわり、自分が生きていくために必要なものは何か、を探すべきだよ。スポーツをやったり、本を読んだり、無駄に思えることでも、なんでもやってほしいんだ。

　それも勉強なんだ。むしろ、これが本来の勉強だよ。

★ そもそも勉強って何だろう

　※森鷗外は、「過去の生活は食べてしまった食事のようなもので、食べ物が消化されて人の土台になるように、過去の生活も現在や未来の生活の土台になっている。しかし誰も食べてしまった食事のことを考えることはない」という意味のことを言っているんだ。

　キミも、いろんなものを食べるだろう？　でも、何を食べたか忘れるし、何が身体の栄養になっているか、食べた本人にもわからないじゃないか。鷗外は過去の生活もそれと一緒だと言っているんだ。

　ボクは、勉強も同じだと思うんだ。

　ほとんどは消え去っていくけど、ほんのちょっと何かが残るんだ。そして、どれがキミの糧になるかはわからない……。だから、学校の勉強以外でも、いろんなことを学んで吸収することは、とても大事なことなんだ。

※　森鷗外……明治、大正を代表する文豪のひとり。軍医としても有名。代表作は『舞姫』『雁』『高瀬舟』など。文中で紹介した内容は、「私が十四五歳の時」というエッセイから。

受験勉強は、効率的に栄養を取ることが求められているサプリメントと一緒だよ、だからおいしくないんだ。だから面白くないんだよ。

　食事と一緒で、学んだことはすぐには響かないよ。あとで「あれは身体にいいんだな」と思うように、じわじわと効いてくるもんなんだ。

★ 必ず勉強したくなるときがくる

　それにね、たとえいま、勉強したくなくても、キミの人生で、必ず勉強したくなるときはくるんだ。これは断言できる。

　これはボクからのお願いなんだけど、その勉強したくなる気持ちを、逃さないようにしてほしいんだ。そのときは、どんなことがあっても必ず勉強してほしいんだよ。

　キミが勉強したくなるときっていうのは、自分の世界を広げようとしていて、価値観を広げたいと思っているときなんだ。

　ところが、やっかいなことに、勉強したくなるときっていうのは人それぞれで、どこでそのときがくるかは、誰にもわからないんだ。もちろん本人にもね。

　だから、勉強したくなるときがきたら、そのチャンスを逃さないでほしいんだ。そのときキミは、大きくなろうとしているんだよ。人間として、成長しようとしているサインなんだ。

09

マジで
ないんすよ

やりたい
ことが
なくても
いい。

けんじ先生の
アドバイス

やりたいことは、
急いで
決めなくて
いいよ。

たとえ、
やりたいことが
一生見つからなくても
いいんだ。

自分が
「何をやりたいのか」を、
一生かけて問い続ける
ことが大事だよ。

★ やりたいことは急いで決めない

周りから「将来、何やりたいか決めた？」って聞かれるのは嫌だよなぁ。自分で言うのもなんだけど、よく先生が進路指導とかで聞くんだよ。「それだったら、こうしなさい」とかね。

そんなこと、いま決めなくていいよ。

そもそも、やりたいことを見つけられる人のほうが少ないはずだ。ボクだって長い間、やりたいことがなかったし、自分が何をしたいのか、わかんなかったよ。大学だって法学部から文学部に移ったし……。

すでにやりたいことがある人はいいよ。でもね、まだ決まってない人は、そんなに急いで決めることはない。むしろ、急いで決めて、それにしばられてしまったら、そっちのほうがよくないよ。

やりたいことっていうのは、自分の内部から湧き上がるものなんだ。だから、他人が「何やりたいんだ？」って聞くこと自体がおかしいんだよ。そういう場合は、「いま決められないよ」とはねのけなきゃいけない。それに、決められない大事さってあるんだ。早急に決めちゃって、大事なものを失うことだってある。

★ やりたいことが見つけられなくてもいい

※夏目漱石は講演で、やりたいことがわからない人へ向けて、こういうことを言っているんだ。「一つ自分の鶴嘴で掘り当てる所まで進んで行かなくってはいけないでしょう」ってね。

※　夏目漱石……明治・大正を代表する文豪のひとり。代表作は『吾輩は猫である』『坊っちゃん』『三四郎』『それから』『こゝろ』など。文中で紹介した講演は、大正3年(1914)に学習院でおこなわれたもので、「私の個人主義」での一節。

何が自分にとって興味があることなのか、問い続けること。そうすると、がちりと自分にとっての鉱脈（やりたいこと）に当たる、と漱石は言っているんだ。

　でもボクは、そのまま、やりたいことが見つけられなくてもいいって思っている。何度も何度も、つるはしを振り下ろす行為自体が大事だと思うんだ。

　やりたいと思ったことでも、やってみたら、そんなに面白くなかった、ということだって当然あるだろう。大丈夫、いつでも方向転換はできるよ。あせらなくていい。本気になれるやりたいことを、改めて探せばいいんだ。

　死ぬ直前になって、やりたいことが決まったっていいんだ。そのときは死ぬ直前だろうと、やりたいことをやればいい。

★ やりたいことを問い続けることが大事

　いま、キミがやりたいことを見つけてなくてもいいけど、「自分が何をやりたいんだろう？」　と問い続けることはすごく大事。その結果、やりたいことが見つかればそれでいいし、たとえ見つからなくても、その問いを続けることが尊いことなんだよ。

　一生かけてやりたいことを探そう。それでいいじゃないか。

10

なんとなく、同じように通学しなくてもいい。

そうか！

なんとなく、同じように通学することを疑おう。自分の行動は、自分でコントロールしようよ。

　通学を※おっくうに思っている人は多いみたいだね。キミが面倒だと感じるのは、決まったルートや時間に通わされている、やらされてる感があるからなんだと思うよ。

　「みんな、このルートと時間だから……」と、惰性で行動する姿勢は、ボクはマズイと思うんだ。大げさに言うと、それはキミの今後の人生にも、かかわることだと思うんだよね。

　たとえば受験で、「みんながいくから……」なんて理由で同じ学校を目指すとしたら……。キミはたいして興味がないのに、受験者数が多く、倍率が高いキツイところを受験することになるよ。それよりキミは、自分の目的に合った学校を見つけるべきなんだ。自分に合った、違う時間の空いた電車や、他のルートを探すようにね。

　たとえ、それでも同じ時間の電車に乗らなきゃいけなかったり、違うルートの選択肢がなかったとしても、自分の意思で「その電車やルートで通う」と決めたことが大切なんだ。意識を前向きに切り替えてほしいんだよ。それだけでも、無自覚に通学している人たちとは全然違うよ。

　自分の行動は、自分でコントロールしようよ。

※　おっくう……面倒で気乗りがしないこと。

11

大学へ
無理に
いかなくても
いい。

どうしよう
かな……

けんじ先生の
アドバイス

大学は、たくさんある
「学び」のなかの
ひとつでしかない。
たくさんのルートを
意識しよう。

大学は
「WHAT」を学ぶ場であって、
「HOW TO」を学ぶ場ではない。
考えることが、
大学という場なんだ。

やりたいことが
決まっている人は、
必要に応じて、
大学へいくかどうか決めよう。

やりたいことがわからない人は、
むしろ大学へいくべきだ。
入ってから考えればいいよ。

大学へいかずに働く人は、
その決断にプライドを持とう。
若くして社会に出ることは、
武器にもなるんだ。

✳ 大学はたくさんある「学び」のひとつ

何が何でも大学へいくべき、なんて思わなくていいよ。

大学っていうのは、世の中にたくさんある「学び」のなかのひとつでしかないんだ。「学び」というのはね、人生を深めることだとボクは思うんだ。人生を深めることに、レールのように決まったルートがあるわけではないよ。だから大学にいってもいいし、いかなくてもいい。世の中にはたくさんのルートがあるんだ。

ただ、大学にいくかどうかを考えるときに、大学がどういうところかを、キミには知っておいてほしいんだ。

✳ 大学の本質的な役割とは

大学はね、「HOW TO」を学ぶところではないよ。「WHAT」を学ぶところなんだ。人間のことや、何が正しいかを問うところであって、単に技術を学ぶところではないんだよ。だから、いろんな考えや、立場の人が、自由に言い合うのが大学で、そこで考えられたことが、新しい社会をつくるパワーになるんだ。そういう場なんだよ。

そうした大学というものの、本質を理解したうえで、キミ自身で進路を考えてほしいんだ。とはいっても、なかなか自分だけで考えるのも、難しい場合もあるよね。

そこで、キミのさまざまな状況を想定して、ボクからアドバイスをおくっておくよ。参考にしてほしいな。

✳ 状況別の進路アドバイス

・将来やりたいことが、はっきりと決まっている人。

キミはわりと簡単に判断できるはずだ。

将来やりたいことが、大学以外でしか学べないのなら、大学にいかずに学べるところへいけばいい。もし、大学で専門的なことを学ぶ必要があるのなら、大学にいけばいいんだ。

　注意すべきは、その学校で何を学べるのか、しっかりと調べておくこと。入ってから学べなかったじゃ、※目も当てられないからね。

・どの大学へいけばいいのか、何をしたいのか、わからない人。

　もしキミが、大学へ進学できる環境にいるんだったら、どこでもいいから、大学へいくべきだとボクは思う。大学というのは考える場なんだ。入ってから考えたって、まったく問題ないよ。いろんな人に会って、さまざまな考えを吸収して、自分の将来を決めればいい。大学は、社会へ出る前の猶予期間でもあるんだ。

・大学へいかず、そのまま社会に出て働く人。

　あえて大学へいかずに働いたり、事情があって大学へいけずに働く、という人もいるだろう。そんなキミには、若いうちに社会へ出るという決断に、プライドを持ってほしいんだ。若いってことは武器にもなるんだよ。「社会に対して、自分の若さを生かす特権を持った」と考えてほしいんだ。大学へいって、数年間過ごしている人より、アドバンテージを持っている、とも言えるよ。

　それにね、社会に出てから学びたくなっても、専門的に学べる場はあるし、学びのチャンスも絶対にある。プライドを持って働こう。

　どうだろう？　自分の進む方向がイメージできただろうか。

　あせらないでいいよ。急いで決める必要はない。ボクもそうだったけど、あせると失敗するからね。じっくりと考えてほしいな。

※　目も当てられない……とてもひどくて、見ることもできないようす。

12

スッキリ
したよ

無理に
学校へ
いかなくても
いい。

どうしても自分に合わず、
苦痛に感じたり、
助けてくれない学校だったら、
いかなくてもいいよ。

学校へいかない
という決断に、
勇気とプライドを
持ってほしい。

逃げることは負けではない。
ピンチの状況を、
自分で切り開いて
生きようとしている、
と感じてほしいんだ。

★ 学校に合わない人はいる

　もしもキミの通っている学校が、どうしても自分と合わず、通うのも苦痛に感じたり、悩んでいても、助けてくれない学校だったなら、そんな学校はいかなくていいと思う。

　それよりも、自分のやりたいことがやれる場所を探すべきだよ。通信教育だってなんだっていい。学校へいくことと、学ぶことは、イコールではないんだ。いまの時代はある意味チャンスで、学校に代わるものはいくらでもある。

　どんな学校にだって、その学校に合わない人はいるだろう。それが普通なことだと思うよ。むしろボクは、そんな人たちを激励したいな。無理に学校の方針に合わせたり、※体裁を気にして学校へいくようなことは、本当にしてほしくないよ。

★ 学校にいかないことに勇気とプライドを持つ

　そして、ここが大事なんだけど、学校へいかないっていう決断に、勇気とプライドを持ってほしいんだ。

　学校にいかないと、周りの視線も気になるし、なんか負けたような雰囲気になるじゃないか。でもね、学校へいかないことは、レールを外れることになるかもしれないけど、それは決してマイナスではないんだよ。

　自分で方向転換できる人が、誇りを持てるんだ。キミの決断は、

※　体裁……他人からみた自分の状態。世間体。

ピンチの状況を、自分で切り開いて生きようとしているんだ。[1]「活路を見いだしている」ってことなんだ。

キミは勇気を持って決断したことで、すでに勝者なんだよ。

★ 逃げることは絶対に負けではない

嫌いな学校に我慢して通うってことは、[2]自分というものを殺してしまうことにもなるんだ。

それなら、我慢しないで自分らしさを保ったまま、学校にいかないという判断も選択の一つだよ。

逃げることは負けじゃないんだ。昔から「逃げるが勝ち」って言うじゃないか。

もっとも勇気がいるのは退却のときなんだ。頂上を目指す登山者にとって、もっとも勇気が必要なときは、先に進むことではなく、下山を決断するときだって言われているんだよ。

逃げることは敗北じゃないよ、絶対にね。

※1　活路を見いだす……追い詰められた状態を、切り開いて生きる道を見つけること。
※2　自分というものを殺す……ここでは、「自分の持っている能力や性質を抑えて出さないこと」という意味。

学校って何だろう？

先生にとって学校とは？

　学校って何だろう？　って、このごろ思うんだ。やたら学校改革の提案があったり、先生、生徒を問わず、不祥事が頻発していたりで、学校の役割をみんな見失っているように感じているんだよ。

　そこで、改めて学校について考えてみたいんだ。ボクは教える立場だから、まず先生にとっての学校を考えてみようか……。

　先生にとって学校っていうのは、「生徒を守るところ」だと思う。実社会では、貧富の格差だとか、経済優先の競争主義とか……、生徒にとっては、いろいろと残酷な現実が待っているはずだ。学校っていうのは、生徒を社会へ出す前にそういうものから守るっていう機能があるんじゃないか？　そう思うんだ。

　それは学校がもとから持っている、ある意味のヒューマニズムであったり、平等性なんだと思う。それが学校の使命なんだよ。

　だから、大多数の先生は、生徒を守るために盾になる気持ちを持っていると思うし、逆に言えば、「子どもたちを守ってやる」という使命感に先生が燃えない限り、学校は成立しないんだ。

生徒にとっての学校の意味

　じゃあ、生徒にとっての学校は何だろう？　キミは、いろんな理由によって学校を選んだのだろうけど、学校に入るということは、一種の運命共同体の一員になった、ということだと思うんだ。

　一番似ているのは、故郷みたいなものじゃないかな。自分の存在

価値やアイデンティティーを形成する場所なんだと思うね。

　ボクは、学校での楽しいことばかりか、悲しいことを思い出しても、なんだかジーンとしてくるんだよ。故郷みたいな感じがするんだ。

　学校が故郷のようなものなら、生徒もその共同体を守る必要があるんだと思う。だからイジメは、絶対に許してはならないんだ。加害者は、自分たちの共同体から仲間を排除していることになるし、被害者にとっては、安心できるはずの共同体で、犯罪にあっているようなもの。それは学校としてあるべきことではないと思うな。

格差を絶対に認めないのが学校

　世の中では、収入や、能力、あるいは権力によって、価値を見いだすじゃないか。どうしたって格差はつくわけだよ。

　でも、学校というのは、格差を絶対に認めてはいけないものなんだ。貧富の差、成績の差、あるいは親の社会的地位とかで、生徒に差をつけてはいけない。それは絶対だよ。　生徒は関係ない。社会での格差は学校では関係ないんだ。現実には、なかなかうまくいかないかもしれないけど、学校っていうのは本来そういうものだと思うよ。

理想を求めるのが学校の価値

　だから学校は理想を語らなきゃいけない。よく世間の常識とずれていることを批判する人がいるけど、世間とずれていていいんだよ。理想を求めること、それが本当なんだ。　理想の価値観を持つ共同体、それが学校なんだよ。

友だちに関して、しなくてもいいこと

友だちに関して、みんな

友だちといつも一緒に
トイレにいくのが、
お互いに
めんどくさい。

自己中の友だちと
話すのが
うっとうしい。

親友の友だちから
興味のない話を
されて困る……。

興味のない
流行りを、
人からすすめられた
ときがウザい。

遊びでもなんでも、
グループで
いつも一緒というのが
正直だるい。

いつも友だちと
一緒でないと、
行動できない人がいて
困った……。

が不満や不安に思っていること

友だちから
しつこく遊びに
誘われるのがイヤ。

人からよく
頼まれるんだけど……
正直めんどくさい。

クラス内が
グループに分かれて
対立しちゃってる。

**頼んでないのに、
仕切ってくる人が
ウザい。**

ＳＮＳがめんどくさい。
返信がすぐにくるし、
真夜中に送ってくるのも
イヤ。

タピオカとか
パンケーキとか、
好きでもないのに友だちに
連れていかれる……。

首都圏の高校・大学に通う228名に実施した、
旺文社によるアンケート（2019年）を分析して作成。

01

クラスメートと無理に仲良くしなくてもいい。

う〜ん……
やっぱり合わない

クラスメートは偶然できたもの。
合わない人がいて当然だよ。
クラスを、いろんな人と付き合う
スキルを磨く場、と考えよう。

　クラスメートって、すごく特殊なんだよね。だって偶然一緒になっ
ただけだろう？　特別な区分けをされたクラスなら、目的は一緒かも
しれないけど、普通はたまたまだもんね。こんな集まりはないよ。だ
から、クラス全体が仲良くなる、なんてことはすごく難しいことだし、
無理に求めてもいけないと、ボクは思うんだ。

　もしキミに、嫌いだったり、合わないクラスメートがいるなら、無
理に仲良くする必要はない、とは思う。そう思うんだけど、クラス内
の付き合いもあるからねぇ、難しいなぁ。社会人になるとよくやるん
だけど、ほどほどに付き合うしかないんじゃないかな。全部拒絶する
んじゃなくて、3回に1回くらいは付き合ったりしてね。

　でもね、こう考えてはどうだろう？　いろんな人が、たまたま集め
られたクラスっていうのは、社会の※縮図でもあるんだ。そうであれ
ば、キミにとって好ましい人もいれば、嫌いな人もいるのは当然だよ
ね。だからキミは、嫌いな人と付き合うこともふくめて、実社会の疑
似体験をしている、とも言えるんだ。

　クラスとは、いろんな人と付き合うスキルを磨く場だと、割り切る
のが一番いいんじゃないかな。ポジティブに考えていこうよ。

※　縮図……ある物事のありさまを、凝縮してわかりやすく、はっきりと表したもの。

02

仕切る人に
イラつかなくて
いい。

けっこう
イラっいちゃうんだよね。

仕切りとは、ただ仕分けして
分類すること。
仕切る人が、リーダーということではないよ。
気楽に仕切られていればいいんだ。

　やたらと仕切る人っているよね。キミの意思を無視して、あれこれ
言われるとイラつくのはわかる。

　でもね、仕切るってそんな罪じゃないし、深刻なことではないよ。
仕切りって、ただ仕分けして分類することであって、仕切る人がリー
ダーってことではないんだ。仕切る人には責任感がないんだよ。だか
らキミも責任感を持つ必要はないよ。気楽に仕切られていればいい。
ボクはそう思うな。

　ましてや、仕切る人を嫌う必要はないよ。

　だって、その人に任せておけば楽じゃないか。みんながめんどくさ
いと思っていることを、率先してやってくれるんだから……。むしろ
感謝してもいいくらいだ。

　困るのは、その人の仕切りがヘタだった場合……。そのときはもう
キミが仕切るしかないんじゃないか？　仕切りってけっこうテクニッ
クが必要だから、自分でやってみると、仕切っていた人の苦労や気持
ちがわかってくるかもしれないよ。

　意外とハマって、キミが仕切る人になるかもね。

03

SNSに
振り回され
なくていい。

ホント、
めんどくさい……

SNSはご飯やトイレと同じで、日常に不可欠なもの。自分で管理する自覚が大事なんだ。

まずね、SNSは便利なツールを超えて、「日常に不可欠なものになっているんだ」と認識しなきゃいけないよ。ご飯を食べることや、トイレにいくことと同じように、生活の一部となっているんだ。いまの時代、SNSがなくなると、本当に不便で支障が出るからね。

だから「SNSに振り回されている」と感じている人の問題は、SNSが悪いとかではなく、時間を自分が支配しているかどうかだと思うんだ。キミにそれができるのか、ということが問われているんだよ。SNSのやり取りに追われて疲弊したり、うんざりしている人は、自分でSNSをコントロールできていないんだ。

さっき、「SNSはご飯やトイレと同じ」って言ったけど、たとえばキミがご飯を食べるとき、夜中に食べることを強制されたり、食べるものを勝手に指定されたら怒るだろう？　疲れるSNSは、それと同じだと思うんだよね。そんなSNSは無視していいと思うよ。

だから、本当はキミだけじゃなくて、キミの仲間も発想を転換しなきゃいけない。普通は夜中にはご飯を食べないし、人にも強制しないだろう？　だから送るほうも考えなきゃいけない。できるならSNS仲間でルールを決めるのがいいんだけどね。

SNSは自分で管理するべきなんだ。そういう自覚が必要だよ。

04

友だちの
友だちと、
仲良くしなくて
いい。

気が合わないけど、
無視
できないし……

友だちは自分で決めるもの。
自分と惹(ひ)かれ合うものがあるか
見極めよう。

　友だちの友だちは、友だちではないよ。だって、もしそうだったら、世の中のすべての人が、友だちということになっちゃうじゃないか！本当の友だちは自分で決めるものだと思う。

　「友だちの友だちだから、仲良くしなきゃいけない」って思っている人が多いみたいだけど、それは違うよ。友だちだから、その人の全部を理解し、受け入れなきゃいけない、なんてことはないんだ。一部分だけでいいんだよ。

　そもそも、いまの友だちだって、その人の全部が好きになって、できたわけではないだろう？　共通の趣味とか、その人の一部分と惹かれ合うものだよ。友だちの友だちの場合は、一番大事にしているものが、キミとは違うかもしれない。キミと友だちでは惹かれ合っていた部分が、その人にはないかもしれないんだ。だから無理して仲良くする必要はないんだよ。

　ただ、最初から友だちの友だちを拒絶する必要もないよ。意外と話が合っちゃって、最初の友だちより仲良くなる、なんてことがよくあるんだよね。

05

無理して
みんなと
話さなくても
いい。

えっと……
友だちだよね？

友だちとは、自分の大切な
部分の分身みたいな存在。
その人が本当に「友だち」なのか、
自分に問いかけてみよう。

　キミは、ある程度、打ち解けた付き合いがあれば、その人たちのことを、全員友だちだと考えて「話さなきゃいけない」と思っているんじゃないかな。

　でもね、ボクは友だちっていうのは、そういうものじゃないと思っている。友だちというのは、自分の大切な部分の、分身みたいな存在なんだと思うんだ。だから簡単には見つけ出すことはできないよ。

　キミは、どんな「友だち」とも話そうとするだろう？　それは付き合いとしては大事だよ。でも、その人がキミにとって「本当の友だち」なのかどうか、もう一度、自分に問いかけてみてほしいんだ。

　「本当の友だちじゃないな」と思ったなら、話は簡単。キミにとって、その人は友だちではないんだから、無理に話さなくたっていいよ。

　逆に「やっぱり友だちだな」と思えたなら、そういう人とは、多少ムカつこうが、無理してでも話したほうがいいと思うよ。

　だって、キミと重なり合うものを持っていたから、友だちになったわけだろう？　キミのことをきちんと理解してくれたから、友だちなんだろう？　そういう人は、簡単には見つけられない貴重な存在なんだ。大切にしなきゃいけないよ。

06

やたらと頼まれても、嫌がらなくていい。

また
ですか……

頼まれるということは、キミが評価されているんだ。人のために働くことは、とても大きな意味があるよ。

やたらと頼まれる人っているよね。

もしキミがそうだったら、ぜひ言っておきたいんだけど、人のために働くってことは、とても大切なことなんだ。それに、これは逆に喜ぶべきことなんだよ。もちろん、なんでも聞いてあげる必要はないよ。本当に嫌だと思ったり、自分が疲弊することなら、きっぱり断っていいし、むしろ断るべきだ。

ただね、人から頼まれるということは、キミが信頼されている、ということなんだ。めんどくさいし、嫌だと思うのは当然だけど、キミは周りから高く評価されているんだよ。

面倒に思う程度だったら、頼まれごとをやってあげようよ。いまは損した気分になるかもしれないけど、その行為はきっと、キミの将来に返ってくるよ。

それにね、キミの行為は、とても意味のあることなんだ。考えてごらん、誰もが少しずつ人のために働けば、それが※連鎖していって、結果として社会全体が住みやすくなるじゃないか。言ってみればキミは、自然に起こった、その大きなプロジェクトに参加しているとも考えられるんだよ。ちょっと、すごくないかい？

※　連鎖……くさりのようなつながり。

07

一緒にトイレにいかなくていい。

やっぱ、
一緒に
いくよね

本来、トイレは人が
自由になれる最後の砦。
常に付き合おうとすると、
やがて友だちを失うことにも
なりかねないよ。

　　トイレに友だちを誘ったり、友だちに誘われていく人は多いみたい
だね。

　　しかしね、本来トイレは独りでいくべきものなんだ。江戸時代では
ね、トイレなど、自分独りになりたいとき、「勝手（自由）にさせて
くださいね」って言うんだ。また、普段いろいろと拘束されていた人
たちが、最後に守った自由がトイレだった、という話もあるよ。

　　だからトイレは人間の根源的な自由であり、誰にも拘束できないも
の。そこを大事にしなければならない。そのためには、トイレに限ら
ず、まず「みんなで〇〇しないと」ということを頭から外さないとい
けないよ。それぞれの休みだし、それぞれのトイレなんだ。

　　それでも友だちに一緒にいこうと言われたら？　キミがいきたかっ
たら、いけばいいし、いきたくなかったら、いかなくていい。常に付
き合おうとすると、やがてその友だちを、失うことにもなりかねない
よ。1日中その人の相手はできないんだから……。

08

付き合いを
面倒と
思わなくていい。

めんどくさい

なぁ……

自分の興味や趣味に閉じこもらず、
新しい視野を見いだしていこうよ。
友だちの誘いは、
その第一歩かもしれないよ。

　　友だちの好みに無理に誘われて、嫌々付き合っているって人は、けっこういるみたいだね。でもね、[※1]出ばなをくじくみたいだけど、お付き合いは必要だよ。全部[※2]むげにすることはできないんだ。

　　だからこれは、キミが新しい情報や、自分の知らないことに触れられるチャンスと、ポジティブに考えるしかないよ。自分の興味や視野を広げるためにね。

　　付き合ってみて、やはりつまらなくても、1回目はダメ出ししちゃいけないよ。相手はよかれと思っているから、いきなり拒否されると傷つくからね。それにその魅力を、キミがまだわかってない可能性もある。もう1回誘われて、それでもダメなら、「つまらない」って言うんだよ。

　　重要なのは、すぐに結論を出さないこと。何回か付き合って、やはりダメなら、すっと抜けるんだね。いまはすぐに結論を出そうとするだろう？　それはダメだよ。そんなに物事っていうのは単純じゃない。

　　自分の興味や趣味に「閉じこもるな」って言いたいんだ。閉じているんじゃなくて、新しい視野を見いだしていこうよ。友だちの誘いはその第一歩かもしれないよ。

※1　出ばなをくじく……物事を始めようとしたとたんにじゃまをして、やる気をなくさせること。
※2　むげにする……そっけなくすること。

09

しつこい
誘いには、
軽く乗っておけ。

OK！
いつでもいいぜ

誘う人は自分が正しいと思っているから説得は無理。冷めた部分を持って、深入りしないように軽く付き合おう。

　これはけっこうやっかいなんだよ。あのさ、遊びや打ち上げにしつこく誘う人はね、キミを誘うことが正しいと思っているんだよ。本気で、キミのためになるから誘っていると思っている。そういう人を理屈で納得させることは、無理なんだ。

　これが、たとえばクラブ活動とかに誘われたんだったら、「興味がない」ときっぱり断れるんだけど、遊びとか、打ち上げに誘われると、友だち付き合いもあるし、ちょっと断りづらいよね。

　これは、うまくスルーするしかないよ。あんまり深刻にならず、軽い乗りで、たまには参加するんだなぁ。ボクの経験上、3回に1回くらい出れば、乗りが悪いとは思われないよ。

　人間関係には、深い付き合いのほかに、軽い付き合いだってある。軽い人間関係だってあるんだよ。深い付き合いだけを残して、他は捨てていったら、生きづらくなってきちゃうよ。だから、軽く付き合う友だちだってありうるし、そういう友だちも必要なんだ。

　気をつけてほしいのは、ヤバそうなことは、きっぱり断ること。深入りしないように、どっかで冷めていることが大事だよ。一緒に※1 我を忘れて騒いでいると、知らず知らず、※2 抜き差しならないところに追い込まれることがあるから、注意してほしいな。

※1　我を忘れる……夢中になって心を奪われること。
※2　抜き差しならない……身動きがとれない、どうしようもない状況になること。

10

嫌いな
流行りに
乗ってみよう。

なんでみんなが
騒ぐのか
わからない……

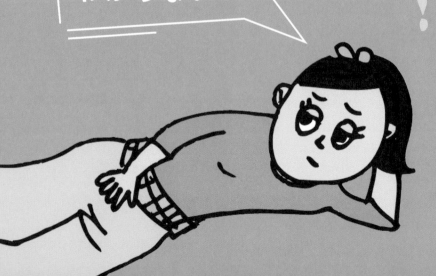

相手の好みを毛嫌いせずに、尊重しようよ。なぜなら、自分の好きなものも尊重してもらうためだよ。

　流行りっていうのは、みんなが決めているように見えるけど、自分がつくるものなんだと思うよ。だから流行りは「自分で好きなものを探しなさい」って言いたいんだけど、好きでもないものに「流行りだから」って誘われて困ることあるよねぇ。

　でもね、そんなときはちょっと流行りに乗ってみてもいいんじゃないか？　矛盾するようだけど、流行りっていうのは、みんなが共感しているものなんだ。それには関心を持つべきだと思うよ。

　それでもやはり、「自分には合わないな」って思ったら抜ければいいんだ。流行りに何が何でも乗る必要はない。ないけど、相手の好みを毛嫌いするんじゃなくて、尊重しなければならない。なぜなら、キミの好きなものも尊重してもらうためだよ。

　もし、キミの行動を規制されるような、強引な誘われ方をしたら断ればいい。相手の好みは尊重するんだから、キミの好みも尊重してもらおう。

　くれぐれも言うけど、興味がなくても、相手が好きなものを※頭ごなしに否定するのはやめよう。相手の流行りをむやみに拒絶するのは、結局、キミが相手のことを認めていないことになっちゃうんだよ。

※　頭ごなし……相手の言い分も聞かずに一方的に主張すること。

11

そうなの？

一緒に
いたがる
友だちを
歓迎しよう。

自分に
魅力があるんだと、
ポジティブに
考えよう。

最初から嫌わずに、
相手の
いいところを
探してみよう。

その友だちが、
キミのピンチを
救ってくれる存在
になるかもしれないよ。

★ 一緒にいたがるのはキミが好かれている証拠

　　ボクにも、一緒にいたがる友だちがいたなぁ。いつもボクに付き
まとってたよ……。だからキミがめんどくさいと思う気持ちはわか
る。

　　でもね、こう考えたらどうだろう。

　　友だちが一緒にいたがるってことは、キミが好かれているってこ
とだよ。キミに魅力があるってことなんだ。むしろ喜んでいいこと
だと思うね。もちろん、ストーカーみたいなのは別だよ。そこは区
別して考えること。

★ 相手のいいところを探してみよう

　　ただ一緒にいたがっているだけの友だちなら、その人を嫌がるん
じゃなくて、相手のいいところを探してごらん。その人のいいとこ
ろが見つかれば、自分のためになるよ。友だちのいいところを、自
分の心の栄養にするってイメージ。ちょっと難しいんだけど、相手
のいい点を認めることで、自分の精神性が広く、深く、一段とスケー
ルが大きくなっていくんだ。

　　「なかなかいいところを見つけられない」という人もいるかもし
れないけど、どんな人間にもいいところはあるよ。

　　どんなに「嫌な人だな」って思っていても、光り輝くものがある
んだよ。それって一緒にいなきゃ、わかんないものなんだ。

★ その人が、大切な人になる可能性もある

それにね……考えてみると、そういう人はキミのさびしさを救ってくれるときがあるんだなぁ。

じつはボク、中学のときにいじめられたことがあってさ。不登校になったことがあったんだ。

そのとき、ボクに付きまとっていた友だちが、毎朝毎朝しつこく迎えにきたんだよ。最初は拒否してたんだけど、迎えにきちゃうんだからしょうがないよね。そのうち学校へいくようになったんだ。言ってみれば、彼が付きまとってくれたおかげで、ボクは学校に戻ることができたんだ。

いま思い出すと、なんとなくじーんとくるんだよね。

後から考えると、彼はボクの人生にとって、すごく大切な人だったんだよ。

★ 友だちを嫌がらないで歓迎しよう

「付きまとわれている」って感じている人は、いつかその人のありがたさが、わかる日がくるかもしれないよ。いまキミが「めんどくさいな」って思っていても、キミがピンチのときに、そのピンチやさびしさを救ってくれるかもしれないんだ。

だから、一緒にいたがる友だちに対しては、嫌がらないで歓迎して大事にしなきゃならない。本当にそう思うよ。

12

グループに
入らなくていい。

一緒にやるの
苦手なんだよ

本当のグループは、
多様性を許容して、出たり、入ったり
するのも認めるものなんだよ。
それ以外のグループは、入らなくていいよ。

　グループにもいろんなものがあるから、一概には言えないけどね。
何の目的もなく、ただなれ合いで集まっているグループとか、意見も
言えずに、※自分を殺さなきゃいけないようなグループは、価値はない
よ。無理に入らなくていい。

　本当のグループっていうのは、いろんな人がいる多様性を許容して、
出たり、入ったりするのも自由に認めるものなんだよ。
　だからグループをつくっている人にも言いたいよね。独りでいる人
をグループに入ることを強要してはいけないんだよ。それは間違った
感覚だよ。エスカレートすると、他者を認められない、危険なグルー
プ意識につながっていくからね。
　そもそもボクはね、「グループをつくる前に、まず、みんなが独り
になれ」と言いたいんだ。これはとっても大事なことだよ。独りのさ
びしさを知っていたり、独りでいることの自由を知っている人同士
だったら、お互いに、いいグループがつくれると思うんだ。

　最後に1つ、学校だけがキミの世界だと思わないこと。視野を広く
持って世界を広げていけば、きっといいグループが見つかるよ。

※　自分を殺す……ここでは、「自分が持っている能力や性質を抑えて出さないこと」という意味。

ぼっちを脱出する方法

人間は独りでは生きていけないもの

ぼっちについて考えてみようか。

独りでいることは、決して悪いことではないんだけどね。孤独を知ることで人は優しくなれるし、自分のことを深く知るためにも独りでいることは大切。それはそうなんだけど、人間はまた、独りでは生きていけないってことも真実なんだな。

自分で、独りになることを選んでいるならいいんだけど、友だちがほしいのに、うまくできずに独りでいるのはつらいよね。

友だちができないキミへのアドバイス

そんなキミは、まず自分の好きなこととか、自分の趣味を大事にしてみようよ。そうしていると、必ずその趣味や好きなものが重なる人が出てくると思うよ。

間違えちゃいけないのは、友だちになりたいからって、やみくもに相手に合わせたり、逆に自分のことばかり押し付けてしまうのはダメだよ。あくまでも、自分と相手の興味や、好きなものが一致することが大事なんだ。

一方的に相手に合わせていると、媚びるみたいになって上下関係ができちゃったりするし、友だちになりたいからって、相手の立場を考えずに自分のことばかり押し付けていると、友だちどころか、かえって嫌われてしまうからね。

性急に友だちをつくろうとしないで、まずは自分が好きなことをちゃんと守っていくこと。これがコツだよ。

ハブられてしまったキミへのアドバイス

　同じぼっちでも、グループからハブられた人についても触れよう
か。まず前提として、はじかれたグループに無理に戻ろうとしなく
てもいいってこと。無理に戻ろうとすると、どうしても下手(したて)に出て、
これも上下関係ができちゃう可能性があるからね。

　イジメや理不尽な理由によってハブられてしまった人は、相手が
悪いに決まっているけど、そうではないのにいつの間にかハブられ
てしまったキミは、自分の興味や意見を周りに押し付けてなかった
だろうか？　集団っていうのは、あいまいな意見の集まりか、ひと
つの意見で統一されているかの、どちらかなんだよ。どちらにせよ、
そこにキミが、独りだけ違う強い主張を持ち込めば、それははじか
れるよ。

　あるいはキミの趣味や興味が、いままでの仲間とずれてきている
可能性もあるよね。それでハブにされちゃったのかもしれない。

　キミの場合は、もともと友だちがいたわけだから、好きなものや
趣味がきちんとあるはずなんだ。でも、その趣味や興味が変化して
きたんだよ。その場合は、別の友だちを見つけるほうがいい。

自分の関心事を大切にすること

　どうだろう？　参考になっただろうか。ただ、友だちができない
人も、ハブられた人にも共通して言えるのは、自分の関心事を大切
にしている人は、それを媒体に友だちは必ずできるってこと。

　あせらず仲間を探してほしいな。

自分に関して、
しなくても
いいこと

自分に関して、みんなが

同性を
好きになって
しまった。

夢が持てない
……。

親と話が
かみ合わないし、
しつこい口出しが
ウザい。

周りの人は
みんな恋人がいるのに、
自分は付き合ったこと
ないからあせる。

いざこざに
巻き込まれて
しまった！

空気を読むのに
疲れた……。

不満や不安に思っていること

友だちとの
うわべだけの
会話をする
自分が嫌い。

友だちのからみが
激しくて、
イラっとくるけど
言い返せない。

自分が大嫌いで、
劣等感
しかない。

私のキャラ付けが
されていて、それに
反しないように
ふるまうのがキツい。

人の目を気にして、
自分のやりたくないことも
やってしまう。

資格や特技がない。
個性がほしい。

首都圏の高校・大学に通う228名に実施した、
旺文社によるアンケート（2019年）を分析して作成。

01

気がラクに
なったわ……

夢は
なくてもいい。

けんじ先生の
アドバイス

無理やり夢を見るのは、
**自分を見失ってしまう
危険がある**よ。

夢よりも「**自分の理想**」が大事。
理想の生き方や生活を、
とことん悩んで考えよう。

「**自分の理想**」さえ持てたら、
自然と自分の**夢も**
生まれてくるはずだ。

★ 夢は非常に個人的なもの

よく学校で、「あなたの夢は？」なんて書かせるけど、嫌だよね。夢は非常に個人的なものなんだから、周りが聞いちゃいけないよな、そんなものは。

それにね、他人から強要されて無理やり夢を見るのは、自分を見失ってしまう危険があると思うんだ。

夢がなかったらないで、それでいいんだよ。それが普通だよ。

★ 夢は常に変わるもの

そもそも夢っていうのは、常に変わるものなんだよ。

ボクは思うんだけど、夜見た夢が朝には消えてしまうように、瞬間、瞬間に消えていくものを、みんなで一生懸命にとらえようとしているんじゃないかな。

だから夢を考えることは、あまり意味がないと思う。

★ 自分の理想をとことん考えよう

それよりも、キミにぜひ考えてほしいのは、「自分の理想」だよ。どんな生き方をしたいのか、どんな生活をしたいのか……。ライフ・スタイルと言ってもいいけど、まずは自分が何を大事にしているかを確認することが重要なんだよ。

誰かの役に立ちたいのか、リーダーになりたいのか、都会で便利に生活したいのか、自然の中でゆったり生活したいのか、大勢で暮

らしたいのか、独りで静かに暮らしたいのか……。

　キミにとっての理想的な生き方や生活を、悩みに悩んで、とことん考えてほしいんだ。ボクは、すべてはここから始まると思っている。

　たとえば、キミが「プロ・サッカー選手になりたい」という夢を持っていたとするよ。

　でも、プロ・サッカー選手になって、どんな生き方や生活をしたいのかを考えていなかったら、夢がかなったとしても、生活がすごく乱れて不幸になってしまう場合もあるだろう？　それならプロ・サッカー選手になっても、しょうがないじゃないか。

★夢より、まず自分の理想が大事

　キミが夢を持つのはいいよ。それに向かって行動するのもいいけど、夢がかなうことによって、キミの理想とする生き方や生活が破壊されるのはダメなんだよ。

　大事なのは、キミがどんな理想を持って生きていくのか、ということ。こっちを優先すべきで、最初に夢ありきというのは、文字どおり、夢のように消えてしまうと思うよ。

　まずは「自分の理想」をしっかり持とうよ。それさえしっかり持っていれば、そこから自然と夢が生まれてくるはずなんだ。

02

怒ることを
我慢しなくて
いい。

怒って なんか
ない……

「キレる」と「怒る」は別だよ。
怒ることは、人間関係を深める
手段となることがあるんだ。

　怒ることは我慢しなくていいよ。我慢したら自分がみじめになるし、自分にウソをついて、その人と付き合わなきゃならなくなる。

　大急ぎで断っておくけど、「キレる」ことと「怒る」ということはまったく違うよ。そこは間違えないでほしい。

　「キレる」っていうのは自分の感情のみで、相手のことはどうでもいいんだ。でも「怒る」ってことは、相手に対して、ある種の信頼関係があるからできることなんだな。

　だから怒るときは、怒った後に、相手との人間関係を修復できるかどうかが重要。怒ることが、その人との人間関係を深めるひとつの手段でもあるんだ。もちろん、怒った結果、その人と関係を修復できないってこともあるかもしれない。そのときはしょうがないよ。だけど、修復しようとする努力は必要なんだ。

　最後にアドバイス。怒るときはお腹がいっぱいで、キミの体調がいいときにすること。お腹が減っていたり、体調が悪いときに怒ると、なぜか相手に響かないし、怒りが通じないもんなんだよ。

流されてる
かなぁ……

空気を読んでも、
流されるな。

けんじ先生の
アドバイス

「空気を読む」ことは、
その場の感情の変化を
読むこと。

「空気を読む」ことは大事だけど、
「空気に流される」のは
絶対ダメ。
悪い空気はシャットアウト
すること。

「空気を読む」か「空気を読まない」か、
冷静に客観的に、
自分でコントロールする
ことが大事。

★「空気を読む」とはどんなこと？

　よく、「空気を読む」とか「空気が読めない」っていうけど、この場合の空気っていったいどんなものなのか、考えたことあるかい？

　ボクは、「空気を読む」の「空気」とは、読んで字のごとく、空気のようなものじゃないかと思っているんだ。

　空気って自分では普段意識しないよね。あたりまえだけど、空気を吸うことは普通のことなんだよ。でも、空気を意識することってあるじゃないか。山で新鮮な空気に触れたとか、どっかから悪臭が流れてきたとか、逆にいい香りがしてきたとか……。そういった、空気が何か変化したときは、空気を吸うことを意識するだろう？

　「空気を読む」と言うときの「空気」も同じじゃないかな。雰囲気が悪くなったり、逆に盛り上がったりして、何か場が変化したときなんだよ。普段は意識していないけれども、場の流れがいろいろ変わるときがあるんだ。その変化をとらえることを、「空気を読む」って言っているんだよ。

　だから、空気を読むことはけっこう大事。その場のみんなの感情が変わったってことだからね。その変化が読めないと、1人だけ浮いてしまうし、極端なことを言うと、自分の身に危険が及ぶ場合だってあるよ。

★ 空気に流されないことが大事

　でもね、気をつけてほしいんだけど、空気を読むことは大事だけど、空気に流されるのは絶対ダメ。

　たとえば、みんなが誰かの悪口を言っているときに、それに乗っ

て自分も言ってしまうとか……。それは悪い空気の読みすぎだよ。悪臭をかぎすぎると身体に悪いように、そんな場の空気は、キミにとって悪い影響を与えるんだ。そんなときは、マスクをするように場の空気をシャットアウトしてほしいんだよ。空気を無視することも大事だよ。

★ 空気をあえて読まないこともある

それに、あえて空気を読まないってこともある。

たとえば、自分の内面から湧き上がってくるものを、どうしても「言いたい」「通したい」って思うときには、周りの空気を読まないことも大事なんだ。

アップルの共同創業者である、※スティーブ・ジョブズを知っている人もいるだろう？　彼は空気を読まない変わり者として有名だったけど、あれだけクリエイティブなことを成し遂げたじゃないか。

言っとくけど、わがままなだけじゃダメだよ。キミのなかで譲れない、大切な部分にかかわるときに、空気を無視すべきなんだ。

★ 空気を読むかどうか、コントロールする

空気が読める人は、状況判断ができて、人の心の動きがわかるやさしい人なんだと思う。だからこそ、空気を読みすぎて自分を見失わないように、くれぐれも気をつけてほしいんだ。

「空気を読む」ときと、「あえて空気を読まない」ときを意識して使いわけること。空気に流されないように、冷静に客観的になってほしいんだよ。やさしい気持ちを第一に、自分でコントロールするようにしてほしいな。

※　スティーブ・ジョブズ……アメリカの実業家。アップルの共同創業者。革新的なアイデアとユニークな個性で、多くのユーザーを熱狂させるカリスマ経営者だった。56歳の若さで2011年に死去。

04

家族から卒業してOK。

いろいろ
あるよね

家族とは個別に存在しているものだよ。「個々に生きる」ことを、お互いが認め合うことが重要なんだ。

　家族から卒業して、当然 OK だよ。

　いまだに「家族はこうあるべきだ」なんて言う人もいるけど、家族のあり方っていうのは、ものすごく多様なもので、パターンなんてないし、同じものはないんだ。

　ボクは、家族というのは、究極的には各個人が自立しているもんだ、と思っている。個別に存在しているもので、突き詰めると個人の集合体なんだ。家族べったりで、同じ価値観に染まって共同生活するっていうのは、幻想だし大間違いだと思うんだ。

　だから、何が何でも、家族を愛さなければならないものではないし、家族だからぶつかっちゃいけない、なんてこともない。無理をするくらいなら、家族と距離を置いていい、と思うね。

　大事なのは、自分なりの家族関係をつくることだと思うよ。きっとキミの家族も、家族なりに、キミとの関係を考えているはずだ。当然キミの考えとぶつかることもあるだろうし、むしろぶつかるべきだと思う。

　「個々に生きる」ということを、お互いに認め合うことが、重要なんだ。それが結果として、大切な家族の関係をつくっていくことだと思うんだよね。

05

資格や
特技が
なくてもいい。

わたし
何も
ないよ……

資格や特技が
あってもいいけど、最初に
資格・特技ありきでは
ないよ。

人の本質は人間的な魅力。
資格や特技がないからといって、
敗者のように考えるのは
間違いだよ。

資格や特技で、
人にレッテルをはる
ようなことは、絶対に
やってはいけないよ。

キミの個性や、
どういう生き方を
するのかを考える中で、
資格や特技は必要になるもの
なんだ。

資格や特技を
第一とするような、
貧しい人生は
送ってほしくないよ。

★ 資格・特技は人間の本質ではない

　最初に言っておくけど、ボクは資格を取ったり、特技を持つことを否定するつもりはないんだ。あっても困るものじゃないし、そのおかげで、受験や就職で有利に働いたり、人生を豊かにしてくれるかもしれないからね。

　でもね、資格や特技がないと、まるで人生の敗者のように考えるのは絶対におかしいよ。人の本質はそんなところにあるんじゃない。親切だったり、やさしかったり、信用できたり、ユーモアがあったり、そんな人間的な魅力が最初にあるはずなんだ。
　だから、最初に資格や特技ありきではないよ、絶対にね。
　だって、キミが友だちをつくるときを考えてみればいい。資格や特技を持っているかどうかで、友だちを選んでなんかないだろう？

★ レッテルをはってしまう怖さ

　それにね、ボクは人間として一番やってはいけないことは、レッテルをはることだと思うんだ。
　資格や特技って目に見えてわかりやすいだろう？　だから気をつけないと、知らず知らずに、レッテルをはってしまうことがあるんだ。たとえば「英検を持っているから、積極的で国際的な人」とか、「ピアノが弾けるなら、繊細な人に違いない」とかね。
　もしキミが資格や特技を持っていたら、自分自身にレッテルを張ってしまうことだって、あるかもしれない。
　これは実は怖いことだよ。だって、その資格や特技の範囲内でしか生きられない、狭い枠をはめてしまうことにもなるんだ。キミが持つ他の可能性を、潰してしまうことにもなりかねないよ。

★ 人間的魅力を増すことが大事

　キミには、資格や特技にとらわれるより、まずは自分の長所を伸ばして、人間的魅力を増していってほしいんだ。

　「自分には長所なんてない」なんて言う人もいるけれど、長所はだれでも絶対にあるよ。これは断言できる。長所のない人間は絶対にいない。キミは自分では気づいていないかもしれないけど、周りの友だちや親は必ず気づいているよ。

　長所を伸ばすにはね、キミが好きなものや、大事にしているものを守っていくと、それが長所になっていくんだ。

　たとえば、キミに「動物の世話が好きだ」という気持ちがあったとする。それを大事にして、自分の中で育てていけば、周りには、キミはとても愛情深い人に見えるはずだよ。それはもう立派な長所だよね。

★ 大きく豊かな人生を目指そう

　資格や特技っていうのは、キミの個性や、どういう生き方をするのか、を考える中で、必要になるものなんだ。だから、なくてもいいし、持ってないからといって、負い目に感じることはないよ。

　それよりもボクは、キミが資格や特技にしばられるような人生は送ってほしくないよ。大学へいくためだけに資格を取ったり、推薦入試のために特技を磨く、なんていうのは貧しい人生だと思うんだ。小さくならずに、大きく豊かな人生を目指そうよ。

06

演じる自分を嫌わなくていい。

え、いいの？

演じるってことは自己制御の手段なんだ。「いま演じてるな」と意識して演じることが、すごく大事だよ。

　周りの目を気にして、いろいろ演じてしまう自分に嫌悪感を持っているキミに言いたいんだけど……。本当は、演じるっていうのはいいことなんだよ。それは、自分を客観視しているってことだよ。自分がどういう人間か、わかっているってことなんだ。

　逆に言うと、自分のことがわかってないまま、その場の雰囲気や感情に流されて演じるのはダメ。キミにないものまで演じようとするから疲れるし、キミの核となる大事なものが、ますますわからなくなってしまうよ。きちんと意識して制御する必要があるんだ。

　そう、演じるってことは自己制御の手段なんだよ。

　人間は、自分を制御しなきゃ生きていけないんだ。極端なことを言うけど、眠いからって、どこででも寝ることはできないだろう？　必ずコントロールしなきゃいけない。

　その自己制御の中に、演じることも入ってくるんだ。その場の雰囲気に合わせて自分をよく見せたり、相手の気持ちに合わせて自分の感情を寄り添わせようとしたり……。キミにも心当たりがあるだろう？

　そのときに、「いま演じてるな」と意識していることがすごく大事。キミの大事な核が何かを意識するための、重要なステップなんだ。自分をコントロールして演じていこう。

07

ありのままを
出さなくて
いい。

よかった……

ありのままというのは、譲れない自分の核の部分だよ。大事なものなんだから、むやみに見せる必要はないよ。

よく、ありのままがいいっていうけど……。ありのままがいいわけないじゃないか。人間っていうのは、かっこつけたり、ちょっと飾ったりするものなんだよ。ありのままがいいなら、ずっと裸でいるのが一番いいってことになっちゃうよ。

ありのままというのは、素と言っていいと思うけど、素というのは自分の核になるような部分だよ。キミがどうしても譲れない部分がそうなんだ。そんな大事なものなんだから、むやみに見せる必要はない。みせびらかす必要はないよ。キミにとって許せないもの、大切にしているもの、そんな自分の素の部分に相手が入り込んできたら、そのときは、ありのままの自分を出して断固拒否すればいいんだ。

それ以外は、いい意味で適当に演じていていいと思うよ。

まじめな人は、お互い演じながらの、意味のない表面上の会話を嫌うけど、実はうわべだけの会話って大事なんだよ。だって、会話に全部意味があったら、※四六時中、脳をフル回転させなきゃいけなくなって、ヘトヘトになっちゃうよ。

オンとオフがあるから、人間は集中できるんだ。軽薄で意味のない時間が、長い人生では意味があるんだよ。意味をなんでも求めちゃいけないよ。

※　四六時中……1日中。転じて「いつも」の意味のこと。

08

キャラ変
したい……

キャラは、
自分に合わせて
変えていい。

けんじ先生の
アドバイス

キャラを演じるということは、
一生続くものなんだ。

キャラと素の、
2つがあることを**認識**
しよう。

キャラをうまく演じながら、
自分の素とうまく**バランスを**
取っていくことが大事。

キャラも素の
成長に合わせて、
改変する必要があるんだ。

★ キャラを演じることは一生続く

　ボクはね、こう考えているんだ。「キャラを演じる」ということは、一生続くものだと思うんだよね。大人になるってことは、「キャラを演じる」ということなんだよ。

　たとえば会社員は、他人の評価を気にしながら、所属する部署や役職の人間として、キャラを演じなければならないんだ。営業職ならそれらしく、とか、部下を持つならリーダーらしく、とかね。

★ 人間には、 そもそもキャラと素の2つがある

　人間には、キャラと素の2つがあることを、まず認識しなければならないよ。キャラと素の2つが共存しているのが普通であって、※重層的に生きているのが人間なんだ。

　キミは、キャラと素を、どちらか一方に決めようとしているんじゃないかな？

　小さいときは素しかないけど、成長するにつれて、だんだんキャラを演じるようになるんだ。キャラと素を使い分けるのが成長であって、どちらか一方だけで、キミが成り立っているんじゃないよ。それを意識していないと苦しくなってくるんだ。

　だから、キャラを演じながら、自分の素とうまくバランスを取っていくことが大事なんだ。ある程度キャラに素が混じって、楽にキャラを演じられるようになれば最高だね。

※　重層的に生きている……ここでは、「いくつもの層が重なっているように、いろいろな一面を持って生きていること」という意味。

★キャラは一生かけて変えていくもの

　もしキミが、不本意なキャラをつけられてしまったら……。それは、他人からそういう風にキミが見られているんだ。「自分の素とまったく違う！」と不愉快になるのはわかる。でも、その状態から逃げだすことはできないよ。そのキャラを変えていくしかない。

　それにね、本当の自分だと信じているキミの素も、成長して変わっていくんだ。ふっと気がつくと「いままでの自分(素)は違うな」と違和感を覚えるときがくるんだよ。

　そうすると、それまでのキャラもキミに合わなくなってくる。ちょうど、キミが成長するにつれて、服のサイズや趣味が変わるように、キャラも素の成長に合わせて変える必要があるんだ。服だったら、さっさと脱いで新しい服を着ればいいんだけど、キャラはそうはいかない。少しずつ新しい素を出していって、変えていくしかないんだ。

★生きやすいように自分のキャラを変える

　自分が生きやすいように、しっくりくるキャラに改変していくべきなんだよ。自分の素と、あまりにもかけ離れたキャラに合わせて、ずっと生きるのはしんどいからね。

　操作するように、素を小出しにして自分のキャラを変えていこうよ。簡単には変えられないから、一生かけてやればいい。

　キミが、自分でキャラをつくっていくことが大事なんだ。

09

自分に自信がなくてもいい。

ホント、こんな
自分が嫌いです。

自信がないときは、
むしろ一歩踏み出すチャンスだ。
まるごとの自分を大事にして、好きになろう。

　自分に自信がないときは、むしろチャンスなんだ。

　自信がない人っていうのは、相手と比較して、「自分には何もない……」と思っているわけだろう。

　でもね、それって、相手のいい点と、自分のダメな点がよく見えているということ。これはすごいことだよ。よく見えているってことは、キミが一歩踏み出す準備ができているってことなんだ。

　自信のない状態って、キミが一歩進むために準備をしている状態なんだよ。

　だから自分に自信がないことを、まずは、まるごと肯定することが大事。無理やり自信を持とうとすると、いまの自信のない自分を、全部否定しなきゃいけなくなる。それはつらいことだし、どんな人にだって無理だよ。

　自信がないということは、劣等感につながるわけではないんだ。自分に自信がないのは、まったく問題ないよ。絶対やってはいけないのは、自分を否定して嫌いになってしまうこと。

　まずは、まるごとの自分を大事にして、好きになること。それが、キミの自信が生まれる第一歩なんだ。

10

トラブルは
解決させなくて
いい。

マジ
かよ……

けんじ先生の
アドバイス

ここで取り上げるトラブルは
「人間関係のもめごと」のこと。

トラブルは、人生において
避けられないもので、
解決も難しいものなんだ。

中途半端にして
放置しておけば、
時間がなんとなく
解決する。

人間関係のトラブルには
ほどほどに対処して、
自分の時間とエネルギーを
浪費しないこと。

★ ここで取り上げるトラブルとは？

　　一口にトラブルといっても、金銭的なものや、何かの障害になるできごとなど、いろんな場合があるから、整理しておきたいんだけど、ここで考えてみたいのは「人間関係のもめごと」を意味するトラブルのことなんだ。

　　似た言葉にアクシデントってあるけど、アクシデントは「突発的に起こる悪いできごと」のこと。

　　トラブルや、アクシデントには、解決させないといけない重大なものもあるから、その見極めは大事だよ。

★ トラブルは避けられない

　　誰でもトラブルは嫌だよね。だから、キミがトラブルを避けたり、穏便に解決しようとする気持ちはわかる。

　　しかしね、トラブルっていうのは、何歳になっても、どんなときでも起きるんだな。ボクなんか、いまだにしょっちゅう起きているよ。人生においては、残念ながら避けられないものなんだ。

　　だからキミは、いまのうちにトラブル慣れをして、※耐性をつけておいたほうがいい。年を取っていくと、不思議なことにトラブルがどんどん深刻になっていくんだよ。

　　そして、人間関係のトラブルっていうのは、解決させるのが本当に難しいんだ。多くは、お互いの感情のいき違いから起きるものだから、正論が通らないんだ。理屈じゃないんだよ。だから、いくら話し合っても理性的に解決するのは難しいんだ。

※　耐性をつける……ここでは、「精神的な圧力に抵抗する力をつけること」という意味。

★ トラブルは解決させない!?

　トラブルが避けられず、解決が難しいなら、いったいどうすればいいかって？

　ボクは、「人間関係のトラブルは、そのまま解決させないでいい」と思ってる。中途半端にして、放置しておくのが一番。無理に解決させようとすると、ますますお互いの感情がこじれていくだけだよ。

　言っておくけど、放置と言っても、トラブルを無視するんじゃないよ。無視してしまうと、逆に相手の感情を刺激するからね。

　かと言って、正面からぶつかるわけでもない。これはこれで、自分の全人格をトラブルに向けてしまうことになって、疲弊しちゃうからね。ほどほどに対処して、自分の時間とエネルギーを浪費しないようにするんだ。そうしているうちに、たいていのことは、なんとなく解決しちゃうんだよ。時間が解決するんだ。

　この、中途半端に放置する感じ、キミに伝えるのが非常に難しいんだけど、わかるだろうか？　トラブルにうまく対処している人は、自分なりに、このやり方を身につけているはずだよ。

　もしキミが人間関係のトラブルを抱えているのなら、そのトラブルは、このやり方を身につけるトレーニングとも言えるんじゃないかな。なかなか難しいけどね。

　いずれにせよ、トラブルになったときに、あまり敏感に反応すべきではないよ。鈍感力っていうか、いい意味で、いいかげんな姿勢って大事なんだ。

　キミなりの、トラブルをかわす方法を見つけてほしいな。

11

彼氏、彼女ができなくてもいい。

よっしゃ！

彼氏、彼女ができないことに、あせってはいけない。大事なのは、「いろんな人」を好きになることだよ。

　彼氏、彼女ができないことに、コンプレックスを感じることはない。みんながいるからって、あせってはいけないよ。あせって彼氏、彼女を探したら、やはり失敗するんだ。やっぱり、好きな人との出会いって、そんなに軽いものじゃないと思うんだよね。

　彼氏、彼女ができなくてもいいんだけど、異性、同性問わず、いろんな人を好きになってほしいな。人を好きになるのは、とても大切なことだよ。好きな人が見つからないって人は、まず、どんな小さなところでもいいから、自分の好きなところを見つけること。そうすると、キミがどんな人が好きなのか、見えてくるはずだよ。

　大事なのは、「いろんな人」を好きになることなんだ。だから、ボクは、1人を一途に好きになるのは、あまりすすめないね。とくに若いときは、自分がすり減っていくようなのはダメ。恋愛はそういうもんじゃないよ。

　誤解しないように言っておくけど、肉体関係とか、そんなことはすすめてないよ、精神的なことを言っているんだ。

　いろんな人を※天秤にかけていいんだ。それぞれのいい点、ダメな点を見て、キミに合った人を見つけるべきなんだよ。いろんな人を好きになって、本当の彼氏、彼女を見つけるんだなぁ。

※　天秤にかける……何かを選ぶときに、優劣や損得などで比較すること。

12

そう
なんだ……

自分の性に
忠実で
いい。

人間というのは、その人が持つ
「アイデンティティー」とか、
「人間らしさ」や、「尊厳」だとか、
そういった本質が大事だよ。

けんじ先生のアドバイス

男と女という、性差があるから愛情があるんじゃなくて、人間として、愛情があるかどうかが問われるんだ。

愛情っていうのは、お互いの共通性を認め合って、精神性もふくめて愛し合うことだと思うんだ。そこには男とか女は関係ないよ。

自分の性に忠実でいいんだ。
それが性的少数だとしても、
ごく自然なこと。そんなことは
人間の本質ではない。
強くそう思うよ。

★ 人としての本質から愛情が生まれる

　ここでは性と愛情について、ちょっと語ってみたいんだ。人間として、避けては通れない大事な話だからね。

　まずね、大前提として人間というのは、その人が持つ「アイデンティティー」とか、「人間らしさ」や、「人間としての尊厳」だとか、そういった人としての本質が、もっとも大事なんだってこと。これが根本だよ。

　そして、その本質から愛情が生まれてくるんだ。そういった本質には、男だからとか、女だから、なんていうものは関係ないんだ。男と女という、性差があるから愛情があるんじゃなくて、人間の本質が問われ、そこに愛情があるかどうかなんだよ。

　愛情っていうのは、お互いの共通性を認め合って、精神性もふくめて愛し合うことだと思うんだ。

　だから、見た目だけで、男らしく、女らしく、というのはナンセンス。男にだって女性的な部分はあるし、女にだって男性的な部分はある。一番大事なのは、2人における愛情につつまれたやさしさ。それがあるかどうかだと思うんだ。

★ 自分の性に忠実でいい

　そもそもね、日本における「愛情は、男女の間で生まれて、子どもをつくるもの」って考え方は、明治以降に富国強兵の近代化の中で強く主張されてきたものなんだよ。

　それ以前の日本では、もっとおおらかで、男装や女装もある程度

認められていたし、さまざまな愛情のあり方にも寛容だったんだ。そういう意味では、昔のほうが進歩的だったかもしれないね。

　もしキミがね、自分の性別に疑問を持ったり、同性を好きになっているんだったら……。もちろんそれは、自分の性に忠実でいていいんだ。キミが意識している性は、ごく自然なことなんだよ。
　ただ、日本の社会はまだまだ古いモラルにしばられているから、偏見が怖いっていう人もいるかもしれないね。でもね、キミが自分の性を大切に思って守っていれば、必ず周りにキミのいいところは伝わるよ。

　自然にして自信を持っていればいい。キミを偏見で見る人のことは、自信を持って無視していればいいんだよ。
　人が人を愛するって、どういうことなのか考えてみようよ。男と女の関係だけで、人と人は愛し合うのだろうか？　違うよね。自分にないものを見つけたり、自分と寄り添えるものを見つけたり、「信頼できる人だな」と思ったりすることが、人を愛するってことなんだよ。
　くりかえし言うけど、大切なのは性を超えた人間としての本質なんだ。強くそう思うよ。

楽しく生きるコツ

「楽しく生きる」ことは重要なスキル

　　最後は、キミが「楽しく生きる」ためには、どうすればいいのか考えてみようか。ここでいう「楽しく生きる」っていうのは、充実して、明るくほがらかに生きていくってイメージなんだけどね。

　　現代は変化のスピードが速く、グローバルな競争社会のため、ストレスで、つぶれてしまう人も多い。だからこそ「楽しく生きる」能力は、長い人生を生きるための、重要なスキルだと思うんだ。

まずは自分のリズムをつくろう

　　ボクはね、「決まった時間によく寝て、朝ご飯をきちんと食べる」、これが楽しく生きることにつながる、と思っているんだ。冗談を言ってるんじゃないよ、まったく大真面目な話。

　　規則正しく寝て、ご飯を食べるってことは、ものすごく基本的なことだけど、それは自分のリズムをつくることでもあるんだよ。この生活リズムが、自分の調子をはかる物差しになるんだ。

　　たとえばキミが社会に出たときに、忙しくてきちんと寝ることができなかったり、朝ご飯を食べられなくなったら……。それはブラックのサインかも、と気付くだろう？　普段から夜更かししたり、朝ご飯を抜いたりしていると、そのサインを見逃してしまうんだよ。

　　だから、自分のリズムさえ持っていれば、どんなピンチになっても大丈夫。ピンチのときは、なおさら自分のリズムを大切に、いつも通り寝て、朝ご飯を食べること。それがキミの基礎なんだから、きちんと守るべきものなんだ。

自分だけの宝物を探すことが大事

　自分のリズムがつくれたら……。今度は、キミだけの宝物を持つ努力をしてほしいんだ。宝物っていうのはね、自分の余計なものを削ぎ落としていった後に残る、どうしても譲れない大事にしたいものだよ。そんな宝物が持てれば、精神的にすごく安定するんだよ。

　そのためには、いったん孤独になって、自分を見つめなおすことが必要。苦しくて、楽なことではないけどね。でもボクは、そうやって孤独を知っている人間こそが、人を愛することができると思うし、キミが、「自分とは何か」と突き詰めて考えて出たものが、生きるうえでの宝物なんだ。それはキミの「心のよりどころ」なんだよ。

　いざというときに、自分が帰っていけるものを持つべきなんだ。

　さっきの生活リズムが、キミの身体的な基礎の部分だとしたら、これはキミの精神的な基礎の部分だとも言えるね。

おかれた状況を楽しむ

　また、ピンチになっても、おかれた状況を好きに思うことも大事だね。「これは最高だ！」ってウソでもいいから思うんだ。もちろん、ブラックなことからは逃げなきゃいけないよ。

　それ以外では、どんな状況になっても「最高だ！」と思っていると、不思議と状況が好転していくんだよ。ボクの経験上間違いない。

　自分のリズムはくずさず、自分の宝物も大事にすること。そのためには、まずはよく寝て、朝ご飯を食べることから始めよう。

　これが「楽しく生きるコツ」だよ。

おわりに

　みなさん、最後まで読んでみましたか……。どうでした。

「別に……、ウザいよ……」

　そうなんです。これを読んだからって、変わることないですよね。おじいちゃん先生の独り言みたいなこと聞いてもね。でもちょっとだけ聞いてください。

　この春、私は学校を辞めました。当然ですよね。もう七十も半ばですからね。もしかしたら、最高齢教師だったかな。

　そんな時代遅れのおじいちゃんが、この頃気になってしょうがないんですよ。

「学校に生徒を縛っていたかな」って思うんです。もっと気軽に学校を楽しませてあげればよかったのに、義務や、責任を押し付けていたんじゃないかな。もっと自由な、リラックスした気持ちを一緒に持てたらよかったのに……。

＊＊＊＊

「しなくてもいいよ」なんて云われても、結局、流れに乗っちゃうんですよね。同調圧力っていう言葉を知っていますか。少数意見に対して、無言の圧力があって、何だか知らないうちに多数意見に従ってしまうことです。多くの意見の流れに逆らえないで、我慢することってありますよね。

　この本を出そうと決めたのは、あなたのそんな気持ちに少しだ

けでも勇気を与えることが出来たらいいな、と思ったのです。

　時には、「同調圧力なんか吹っ飛ばせ」、そう思ったんですよ。

＊＊＊＊

　「飛び出せ」なんて云われても、飛び出すことなんて出来ないですよね。学校が嫌になったからって、友達が嫌いになったからって、先生が嫌いになったからって、飛び出すことなんて、とても出来ないですよね。私もあなただったら「何云ってるんだよ」って思います。

　でもね、胸の奥底にたまっていたしこりが、少し取れたような気がしませんか。「先生を嫌いになったっていいんだよ」と云われて何だかすっきりしませんか。

　自分と学校の距離を上手に取って、この本とおしゃべりしてほしいんです。自分を可愛がってほしいんです。この本を通して、自信を持ってほしいんですよ。学校が好きなくせに、時々たまらなく嫌になって、それでもたぶん日本で一番長い時間学校にいった、私からのメッセージです。

　時々、ブツブツ、ブウブウ云って、ゆっくりいきましょう。

　新型コロナウィルスの流行による大変な時代だからこそ、絶対に差別や偏見を持たないでね。互いにありのままをやさしく認め合ってね。

　学校を楽しみましょう！

渡辺憲司